Couverture inférieure manquante.

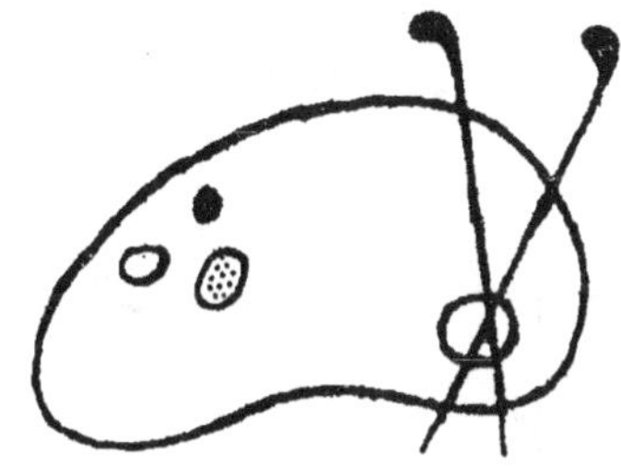

Début d'une série de documents
en couleur

SÉLIGMANN ALEXANDRE

OU LES TRIBULATIONS

d'un Israélite strasbourgeois

PENDANT LA TERREUR

PAR

RODOLPHE REUSS

(Extrait des *Affiches de Strasbourg*.)

STRASBOURG

TREUTTEL ET WÜRTZ, ÉDITEURS

1880

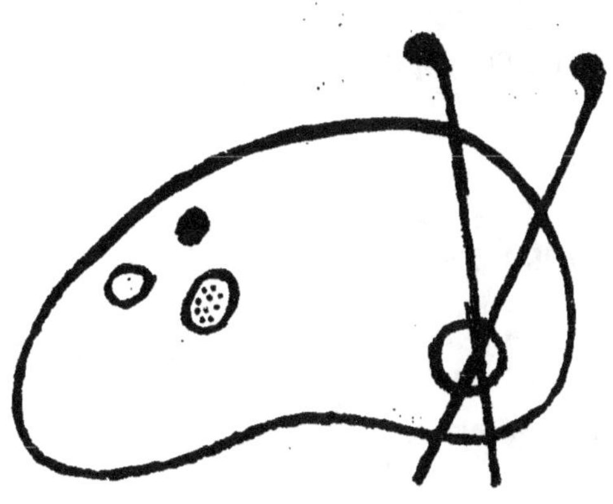

Fin d'une série de documents
en couleur

SÉLIGMANN ALEXANDRE

OU LES TRIBULATIONS

d'un Israélite strasbourgeois

PENDANT LA TERREUR

PAR

RODOLPHE REUSS

(Extrait des *Affiches de Strasbourg.*)

STRASBOURG

TREUTTEL ET WÜRTZ, ÉDITEURS

1880

SÉLIGMANN ALEXANDRE

OU LES TRIBULATIONS

d'un Israélite strasbourgeois

PENDANT LA TERREUR.

I.

On sait qu'avant la Révolution les Israélites assez nombreux etablis en Alsace n'avaient point le droit de résider à Strasbourg, d'où ils étaient expulses depuis la fin du XIVe siècle. Chaque soir le gardien de la cathedrale faisait retentir du haut de la plate-forme sa lourde trompe de fer, le *Kræuselhorn*, actuellement encore conservée à la Bibliothèque municipale. Il avertissait ainsi tous les Juifs que leur trafic avait amenes dans nos murs d'avoir à regagner les villages voisins, de Bischheim, Lingolsheim, Wolfisheim, etc., qui leur servaient de demeure. L'autorité absolue de Louis XV avait arraché une concession unique au Magistrat de Strasbourg. Il avait exigé pour un riche fournisseur des armées royales, le

sieur Hirsch Bær, de Bischheim — métamor-
phosé plus tard en Cerfbeer — l'autorisation
d'habiter la ville, en 1768. Le concessionnaire
sut habilement profiter de cette première dis-
pense. Dès 1771 il acquérait par contrat clan-
destin l'hôtel de Ribeaupierre et faisait si bien
valoir ses mérites à Versailles que le ministre
de la guerre ordonnait en 1777 à la ville d'ad-
mettre également dans son enceinte les deux
gendres de Cerfbeer, Séligmann Alexandre,
dont nous allons parler plus longuement tout
à l'heure, et Wolf Lévy. Ils purent s'installer
dans la maison formant l'angle de la rue des
Serruriers et de la rue du Puits, où se trouve
aujourd'hui la fabrique de parfumeries de
M. Weill. *L'État des Juifs de la province
d'Alsace*, document officiel en un gros volume
in-folio, publié chez Decker, à Colmar, en
1785, nous montre qu'à cette dernière date la
population sédentaire israélite de Strasbourg
comptait déjà soixante huit âmes. Il est vrai-
ment amusant de parcourir la variété d'attri-
butions et de fonctions domestiques qui permettait seule à cette colonie nombreuse de
figurer comme une seule et même famille, à
l'ombre du privilège accordé à Cerfbeer.

A ce moment les lettres patentes du 10 juillet 1784 avaient déjà fait faire un premier pas,
bien timide encore, à l'émancipation civile

des autres Juifs d'Alsace. Tout en les restrei-
gnant en bien des manières, en les soumet-
tant à de nombreuses humiliations, la régle-
mentation nouvelle leur permettait au moins
une existence officielle. Mais les maux créés
en grande partie par une compression sécu-
laire, ne pouvaient disparaître aussi rapidement ; on ne rompt pas, d'un jour à l'autre,
avec le passé. Intelligents, acharnés au tra-
vail, repoussés de toutes les carrières utiles,
de toutes les professions libérales, les Juifs
s'étaient exclusivement tournés vers l'exploi-
tation de l'argent. Quelques-uns, les plus
riches et les plus habiles, s'adonnèrent à l'industrie et y réussirent ; mais le grand nombre, relégué dans les campagnes, était réduit
forcément à deux métiers, non seulement im-
productifs pour le pays, mais horriblement
vexatoires pour la population rurale : l'usure
et le trafic du bétail. Aussi la haine des basses
classes contre la population juive était-elle
généralement intense dans notre province.
En décembre 1778, il avait failli y avoir un
massacre général des Israélites dans leurs sy-
nagogues. En août 1789, le pillage et la dé-
vastation de leurs demeures répondit dans le
Sundgau à la nouvelle de la prise de la Bas-
tille, comme des désordres analogues corres-
pondirent de nos jours, dans le Bas-Rhin, à

la proclamation de la république de 1848,
malgré soixante ans d'égalité sociale et d'é-
mancipation complète.

II.

Lorsqu'éclata le mouvement de 1789, deux
tendances bien caractérisées s'étaient mani-
festées en Alsace au sujet de la *question juive*.
Les uns esprits généreux, élevés, profondé-
ment imbus de la philosophie humanitaire du
XVIIIe siècle, réclamèrent l'abolition complète
des servitudes dégradantes et demandèrent
que la profession d'un culte non chrétien ne
fût plus un motif d'exclusion sociale et politique. Les autres, influencés davantage par
l'opinion populaire, ne voulaient pas ad-
mettre qu'il y eût là seulement une religion
différente, mais déclaraient que l'admission
parmi les citoyens d'une caste étrangère,
d'une race toute différente par la langue et
les mœurs, aurait les résultats les plus fu-
nestes pour la morale et la tranquillité publique.

Dès le premier jour, la polémique fut vive,
et principalement à Strasbourg les amis et les
adversaires de l'émancipation des Israélites
se combattirent avec acharnement. Les adversaires l'emportèrent d'abord; dans leurs

cahiers de doléances les représentants du Tiers Etat de Strasbourg firent insérer un article XV qui demandait non seulement d'empêcher « qu'aucun individu de la nation juive ne pût, sous aucun prétexte, acquérir le droit d'habitation dans la ville, » mais réclamait même l'expulsion de Cerfbeer et de sa famille. L'un des représentants du Haut Rhin, Pflieger, publiait contre les Israélites un violent factum, et des pamphlets anonymes, allemands et français, répandus dans les campagnes, allaient jusqu'à rééditer contre eux les absurdes histoires d'assassinats commis sur des enfants chrétiens, destinés à des Pâques horribles, récits qui avaient défrayé déjà les imaginations au moyen âge et causé tant de hideux massacres. Encore le 8 avril 1790, la municipalité récemment élue de Strasbourg, toute dévouée d'ailleurs aux idées nouvelles, le maire M. de Dietrich en tête, écrivait au président de l'Assemblée nationale pour protester contre l'admission des Juifs à la qualité de citoyens.

D'autre part, les protestations contre cette manière de voir étaient également vives En historien exact nous devons faire remarquer cependant qu'elles émanaient principalement de Français de l'intérieur, où il n'y avait pour ainsi dire aucune population israélite. Il leur était donc plus facile de se placer au point de vue purement abstrait et de défendre les principes humanitaires que cela n'était possible aux Alsaciens, témoins de longue date des misères provoquées par l'effroyable usure dans nos campagnes.

Le 27 février 1790, la Société des Amis de la Constitution, présidée par un haut fonctionnaire militaire, M. Le Barbier de Tinan, entendait lecture d'un « Rapport sur la question de l'état civil des Juifs d'Alsace » et applaudissait des passages comme celui-ci : «Encore aujourd'hui l'on entend l'odieuse corne, dont le son lugubre se répand tous les soirs à l'entrée de la nuit, du haut de la Cathédrale. Les préjugés dont le peuple de Strasbourg est imbu, sa haine aveugle contre les Juifs doivent en grande partie leur origine à l'impression qu'a faite sur les enfants le son de cette corne, aux ridicules histoires qu'on leur a racontées et dont la tradition se conserve religieusement. » A l'Assemblée constituante la discussion ne fut pas moins vive. Lorsqu'elle décréta, le 24 décembre 1789, l'admissibilité à tous les emplois des *non catholiques*, elle n'osa conclure au sujet des Israélites et déclara « ne rien vouloir préjuger relativement aux Juifs. » Ce fut dans le cours de ces débats qu'un autre député de l'Alsace,

Rewbell, de Colmar, le futur membre du Directoire exécutif, prononça les mots qu'on lui reprocha plus tard, en les interprétant, bien à tort, comme une excitation au massacre : « Accorder aux Juifs alsaciens le droit de cité, c'est prononcer leur arrêt de mort. »

Il exagérait sans doute et donnait de la férocité naturelle des populations de la Haute-Alsace une idée bien noire aux législateurs, ses collègues. Mais il y avait cependant une vérité profonde à la base de cet apparent paradoxe. L'Assemblée constituante, plus fidèle à ses grands principes d'égalité et de liberté, qu'attentive aux dangers immédiats et pratiques signalés par les adversaires de la mesure, finit par voter, on le sait, l'émancipation sociale et politique complète des Israélites de France. Elle le fit, dès le 28 juillet 1790, pour ceux du Midi, appelés communément Juifs portugais, mais le 27 septembre 1791 seulement, c'est-à-dire la veille de sa séparation, pour les Israélites de nos contrées, dits Juifs d'Allemagne. Ce vote, auquel nous ne pouvons qu'applaudir au point de vue théorique, n'en fut pas moins plutôt nuisible qu'utile à ceux qu'il relevait d'un long et cruel servage. Les haines, déjà si vivaces, des classes ouvrières de la ville et de la campagne furent avivées encore en Alsace par la concurrence redoutable des capitalistes et du talent commercial des nouveaux citoyens.

Dans le bouleversement général qui s'opéra parmi nous, alors que les couches sociales se renouvellent de fond en comble, que les vieilles familles disparaissent que les individualités les plus obscures deviennent momentanément influentes, que les plus humbles professions trônent à l'Hôtel-de-Ville, nous ne voyons pas surgir un seul nom d'israélite parmi les personnages marquants, les meneurs, les élus, à un titre quelconque, de la population strasbourgeoise. La représentation nationale a eu beau les rendre égaux et libres, le peuple les déteste, et dès que les lois ne seront plus assez fortes pour les protéger, les malheureux seront écrasés chez nous par l'animosité de la populace et les rancunes combinées des représentants de l'Ancien Régime et de la Révolution radicale.

C'est pour donner une idée fidèle de cette situation douloureuse où se trouvèrent pendant la crise révolutionnaire les israélites de Strasbourg que nous avons esquissé le récit suivant. Il est tiré d'un mémoire justificatif adressé par un manufacturier israélite de notre ville à ses concitoyens strasbourgeois au sortir de la Terreur. En l'absence d'un dossier plus complet, nous n'avons pu que grouper et vérifier sommairement les détails contenus dans cet écrit, sans pouvoir répondre, évidemment, de leur exactitude absolue. Peut-être y a-t-il eu de la part du sieur Alexandre exagération partielle de ses désastres ; peut-être aussi ses ennemis personnels et politiques avaient ils contre lui des griefs plus sérieux qu'il s'est bien gardé de nous dire. Mais, dans son ensemble au moins, les plaintes conservées dans cette plaquette rare sont abondamment justifiées et constituent un document historique qui méritait d'être remis en lumière (1).

III.

Le sieur Séligmann Alexandre appartenait par alliance à la famille des Cerf B er. Il avait épousé Rébecca, l'une des filles du riche munitionnaire général, et une progéniture nombreuse lui était née de cette union. *L'État des Juifs d'Alsace*, déjà mentionné plus haut, nous a conservé les noms de ses six enfants,

(1) Dénonciation à mes concitoyens des vexations que m'ont fait éprouver les fidèles suppôts du traître Robespierre, lors du système de terreur établi dans la République, par Seligmann Al xandre, manufacturier et citoyen de Strasbourg. Strasbourg, Tréuttel et Würtz. An troisième, 42 p. in-8°.

dont deux fils et quatre filles. L'une d'elles
était mariée, dès 1785, à un autre membre de
la famille, nommé Baruch Beer, mais elle vi-
vait avec ses parents dans l'immeuble alors
occupé par eux, la maison des héritiers Haff-
ner, sise derrière l'église Saint-Louis.

A cette époque déjà Alexandre était riche,
car on signale dans sa demeure la présence
d'un précepteur, d'un secrétaire, d'un commis et de cinq domestiques des deux sexes.
Il habitait notre ville depuis 1777 et y avait
établi une manufacture de tabacs fort pros-
père, tandis qu'il exploitait encore avec un
associé une manufacture de draps à Cernay,
dans la Haute-Alsace. Sa fortune « avait dé-
passé la médiocre », comme il le disait très
modestement lui-même, et vers l'époque de
la Révolution il était sans doute plusieurs fois
millionnaire. Néanmoins il souffrait des préjugés répandus contre ses coreligionnaires.
« Né dans la secte juive — c'est encore lui qui
l'avoue — ses concitoyens l'enviaient et le
jalousaient davantage à mesure que son cré-
dit prenait de la consistance, malgré une pro-
bité et un désintéressement à toute épreuve. »

On peut douter à bon droit qu'Alexandre,
déjà vieux, riche, soutenu par la protection
royale seule contre l'animosité de ses compa-
triotes, ait accueilli, avec autant d'enthou-

siasme qu'il veut bien le dire plus tard, la
révolution qui brisait la puissance du mo-
narque. La stagnation des affaires, résultat
naturel de cette grande crise politique, n'était
pas faite non plus pour le réjouir. Nous le
voyons néanmoins passer assez tranquillement par les premières années de l'ère nouvelle. Un homme dans sa position de fortune
dut contribuer naturellement pour sa part
aux efforts tentés par le pays pour remettre
un peu d'argent dans les caisses épuisées de
l'État. En 1790 nous le voyons verser sa quote-
part à la *contribution patriotique* établie par
l'Assemblée nationale ; elle se montait à 3040
livres. Il s'en tirait encore à bien bon marché,
puisque la Constituante avait ordonné de verser aux caisses publiques le quart du revenu
annuel et que notre industriel accusait quatre
ans plus tard une perte de plus de six cent
mille livres (sans compter ce qui lui restait
à cette heure, c'est-à-dire tous ses immeubles
pour le moins). S'il avait obéi strictement à
la loi, il aurait dû verser une somme au moins
triple de celle qu'il inscrira plus tard à son
passif. N'oublions pas cependant que les Israélites ne jouissaient point encore à ce moment de leurs droits civiques ; qu'il serait
injuste de demander du patriotisme à ceux
auxquels on refuse une patrie, et n'insistons

pas sur une défaillance, imitée d'ailleurs en
bien des endroits par des gens aussi riches et
sans les mêmes excuses.

L'année 1791 apporta l'émancipation civile
d'abord, puis l'émancipation politique aux
Israélites de nos contrées. Le décret de la
Constituante du 27 septembre 1791 leur avait
donné la qualité de Français; celui de l'Assemblée législative du 13 novembre recon-
naissait les droits des *citoyens actifs* « a tous
les individus juifs qui prêteront le serment
civique ». Il fallut six semaines au Directoire
du département du Bas-Rhin pour se décider
à promulguer ce nouveau decret, dont il crai-
gnait les effets sur la population alsacienne.
Ce fut le 27 decembre seulement que les affiches en deux langues le portaient à la con-
naissance des habitants de Strasbourg, parmi
lesquels l'admission des Israélites dans les
rangs de la garde nationale venait d'exciter
déjà de violentes polémiques. Les nouveaux
citoyens actifs profitèrent-ils beaucoup des
droits qu'ils venaient d'obtenir? S'approchè-
rent-ils des urnes électorales pour exercer
leurs nouvelles prérogatives, ou restèrent-ils
timidement chez eux de crainte d'exciter par
cet acte si naturel la colère de leurs violents
antagonistes? Nous ne savons. En tout cas, il
n'y eut, nous l'avons déjà dit, aucun de leurs

coreligionnaires qui figurât dans les conseils élus de Strasbourg, à un titre quelconque, pendant toute la durée de l'ère révolutionnaire. Il a fallu de longues années pour que dans nos villes, et surtout dans nos campagnes, l'égalité théorique entre juifs et chrétiens se traduisît dans la pratique, et nul n'ignore combien, dans les couches moins cultivées, il reste encore à faire en cette matière délicate.

Quand Louis XVI, poussé par l'Assemblée législative, eut déclaré la guerre à l'Empire au printemps de 1792, de nouveaux sacrifices furent demandés à tous les citoyens. Les millionnaires n'abondaient pas à Strasbourg alors plus qu'aujourd'hui; aussi ne s'etonnera-t-on qu'Alexandre fût parmi ceux dont les versements atteignirent une somme relativement importante, bien qu'elle ne fût aucunement hors de proportion avec ses revenus considérables. Il dut payer une première fois 1036 livres pour contribution aux frais de guerre, puis, en trois termes, trois mille livres pour secours aux parents de volontaires pauvres, puis encore deux cent quarante livres pour l'équipement complet d'un engagé militaire. En outre de ces sommes, il en deboursa d'autres qu'il qualifia lui-même, dans son bilan, de *dons volontaires*. Seulement il ne faut

pas oublier que ce fut moins l'enthousiasme
spontané que la peur à laquelle dès lors les
caisses publiques durent une partie au moins
des offrandes recueillies. Lorsque notre fabricant de tabac envoyait trois cents livres à la
Société des Jacobins, lorsqu'il dépensait cent
deux livres pour frais d'enrôlement d'un vo-
lontaire et lui assurait une rente annuelle de
trois cents livres comme argent de poche,
c'était avant tout sans doute pour faire preuve
de civisme, comme on disait alors.

<h2 style="text-align:center">IV.</h2>

Cependant les progrès de l'esprit révolutionnaire amenaient chez nous, comme ailleurs, la domination des partis extrêmes. La
protestation de nos autorités constitutionnelles
contre le 10 août, la déposition, puis la fuite
de Dietrich, l'arrivée des commissaires de la
Convention, l'installation d'une municipalité
provisoire, tous ces événements successifs
bouleversèrent bientôt la physionomie relativement tranquille de notre vieille cité. L'élé-
ment alsacien proprement dit s'effaça de plus
en plus devant l'action des immigrés allemands et des Français de l'intérieur. Les Israélites strasbourgeois ne gagnèrent rien au
change. Ils se virent bientôt poursuivis avec

plus de passion par les Jacobins de Paris et d'outre-Rhin qu'ils ne l'avaient jamais été par les magistrats de l'ancien régime.

Ce n'est pas qu'ils n'essayassent de gagner les bonnes grâces des puissants du jour par leurs protestations et leurs dons empressés. Le bilan dressé par Alexandre pour l'année 1793 nous permet de suivre et l'accroissement de leurs craintes et l'augmentation de leurs sacrifices. Nous le voyons verser en avril 300 livres pour les volontaires, puis 200 livres pour l'équipement d'un cavalier ; il offre à sa section vingt chemises neuves, estimées 200 livres. Il répond plus tard à un appel de fonds de la Société des Jacobins en déposant sur son bureau pour 800 livres de montres, d'argenterie, etc., et pour 400 livres de bas, de souliers et de manteaux. Enfin deux volontaires blessés sont recueillis et nourris par lui pendant deux décades, service estimé 100 livres par l'amphytrion. Nous ne faisons que mentionner en passant les autres sommes perdues par lui dans le courant de l'année et soigneusement portées à son passif. Il y a là, par exemple, 5000 livres pour draps réquisitionnés à Strasbourg et à Cernay, 74,000 livres pour vente de laine fine de Bohème, valant 1250 livres le quintal, et qu'Alexandre livra pour 320 livres en novembre 1793, afin de se

2

conformer à la loi du *maximum* et ne pas
« tomber sous la main du tribunal atroce de
Schneider. »

Les plus humbles parmi ses coreligionnaires
essayaient, sur une moindre échelle, de gagner l'opinion publique par leurs offrandes.
Ainsi le 8 octobre 1793 la « citoyenne » Moïse
Isaac déposait à la Société populaire la taba-
tière de son mari et le « produit de ses veilles
en charpie et bandages ». D'autres, des rab-
bins sans doute, apportaient les « pommeaux
de canne de la synagogue », des « tabernacles
judaïques » et jusqu'à « deux figures de Moïse
et Aaron ». Cela n'empêchait pas la Société
des Jacobins de décider quelques jours plus
tard qu'on écrirait au Directoire du département pour réclamer « l'expulsion de tous les
Juifs non domiciliés à Strasbourg ». Il est vrai
que l'exaltation des radicaux au pouvoir com-
mençait alors à s'attaquer à toutes les classes
de la société avec une égale violence. Dans la
même semaine, nos Jacobins dénonçaient en
bloc tous les boulangers et fariniers de Strasbourg comme « ennemis du genre humain »
et pour avoir « entretenu dans les campagnes
l'idolâtrie du numéraire ». Puis le 26 octobre,
ils décidaient que « les brasseurs et autres dans
les mêmes principes seraient jugés en masse...
pour les abus que ces individus ont pu se

permettre depuis la Révolution sur leur co-
mestibilité ». Et sur cette dénonciation nous
voyons les plus riches parmi nos brasseurs,
les Schott, les Nagel, les Pick, condamnés à
25,000 livres d'amende ; d'autres plus modes-
tes ou moins compromis, les Hatt, les Boch,
les Lauth, les Kammerer et les Farny, dé-
bourser une somme de 5000 livres.

Le 1er novembre 1793, les représentants du
peuple en mission à Strasbourg, Lebas e
Saint-Just, lançaient leur fameux arrêté sur
un emprunt forcé de neuf millions de livres,
payables en vingt-quatre heures. Deux jours
plus tard, les citoyens taxés par les soins de
la municipalité, recevaient l'invitation im-
primée de verser immédiatement la somme
qui leur était demandée par l'autorité révolutionnaire. Alexandre fut imposé, pour sa
part, à deux cent mille livres, et le 5 novembre, n'ayant encore rien reçu, le citoyen Garnier, secrétaire du Comité de sûreté générale,
l'engageait d'une façon comminatoire à fournir cet argent dans un délai de vingt-quatre
heures. La somme était énorme, même réa-
lisée en assignats, mais il n'y avait point à
hésiter pour qui tenait à conserver la tête sur
ses épaules. Les représentants en mission
dans notre province n'entendaient pas rail-
lerie sur la matière. On jugera de leur zèle

farouche par cet extrait du rapport des commissaires de la Convention, Milhaud et Guyardin, écrit à Strasbourg et daté de ce même 5 novembre 1793.

« La terreur est à l'ordre du jour, disaient-ils. L'aristocrate est terrassé et le traître caché tremble en se voyant dans l'impossibilité de nuire. Saint-Just et Lebas rivalisent avec nous dans les mesures sévères mais indispensablement nécessaires de salut public. Ils font transférer dans l'intérieur de la république toutes les autorités constituées, excepté quatre de leurs membres, et nous, nous avons fait déporter presque tout l'état-major de la garde nationale. Ils ont imposé un emprunt forcé de neuf millions sur tous les riches, et nous, nous avons ordonné l'arrestation de tous les banquiers, agents de change, notaires et de tous les individus de la ville et de la campagne contre lesquels s'élève quelque suspicion. Nous avons fait plus; toutes leurs richesses sont séquestrées et seront au moins prêtées à la nation. Nous croyons que les sommes qui se trouvent sous scellé se montent à deux ou trois millions en numéraire et à quinze ou seize millions en assignats... La guillotine est en permanence à Strasbourg, le peuple des sans-culottes s'éveille et son réveil est terrible. Envoyez-nous une colonie de montagnards de Paris pour propager sur ces frontières l'amour brûlant de la république, et les hordes coalisées des despotes ne repasseront pas le Rhin, qui sera leur tombeau. »

Pour des gens si pressés, les réclamations, même les mieux motivées, étaient également suspectes. C'est à Strasbourg aussi que deux autres représentants en mission, Lémane et Baudot, signaient, le 9 novembre, la proclamation portant que « ceux qui présenteraient des pétitions de plus de dix lignes seraient suspects de mettre des longueurs à la Révolution! » Alexandre n'ayant aucune envie de passer pour « entraver la révolution » et moins encore de partager « le tombeau des hordes coalisées », se hâta de s'exécuter et versa, le jour même, un premier à-compte de cinquante mille livres. Puis il essaya de traîner les versements en longueur. Mais bientôt le sort du vieux Mayno, l'un des plus riches négociants de Strasbourg, attaché le 8 novembre à la guillotine par ordre de Saint-Just, pour n'avoir point payé les trois cent mille livres auxquelles il était taxé, lui montra qu'on n'éludait pas les ordres des proconsuls révolutionnaires. Du 18 au 27 brumaire (8-17 novembre) nous le voyons apporter chaque jour quelques milliers de francs à la caisse militaire, soit qu'il ne pût réaliser plus rapidement ses fonds, soit qu'il espérât toujours en être quitte à meilleur marché. Quand il eut versé cent mille francs de la sorte, il s'arrêta de nouveau pendant dix jours. Mais le Comité de sûreté générale avait l'œil sur lui et décidait le 5 frimaire que si Alexandre ne payait pas son reste immédiatement, on l'enverrait en prison. Le 7 et le 8 frimaire, le malheureux banquier portait donc encore une fois cent mille livres au trésorier général de l'armée, le citoyen Blanchot, qui en délivrait quittance le même jour.

Le Comité de surveillance montra un peu plus de générosité vis-à-vis d'un des alliés d'Alexandre, Marx Beer, dont la quote-part fut diminuée dans la séance du 15 novembre, parce qu'il avait montré son civisme. Un autre Beer, nommé Baruch, peut-être le gendre de notre manufacturier, ne put obtenir la même faveur, à cause ou sous prétexte de son attitude politique, « n'ayant jamais donné de preuve de patriotisme. »

V.

Peu de jours après, nouvelles et légitimes alarmes au sein de la population israélite de notre ville. Les succès des alliés sur les frontières de la province effraient les populations, surexcitent les défiances des commissaires conventionnels et les font songer à de nouvelles mesures contre les Juifs d'Alsace, qu'ils accusent de cupidité et de trahison. Le 29 brumaire (19 novembre), le représentant Baudot, qui séjournait encore dans nos murs, écrit à son collègue Duval pour lui annoncer que « les propagandistes au fer chaud du père Duchesne sont arrivés pour régénérer la ville de Strasbourg », que « l'esprit public gagne chaque jour par leur zèle et leurs lumières », et que « les harangues d'un côté, la guillotine de l'autre, font espérer un succès complet ». Puis il ajoute : « La race juive, mise à l'égale des bêtes de somme par les tyrans de l'ancien régime, aurait dû sans doute se dévouer tout entière à la cause de la liberté qui les rend aux droits de l'homme. Il n'en est cependant rien. Les Juifs nous ont trahis dans plusieurs petites villes et villages du côté de Wissembourg On serait en peine pour en compter dix reconnus patriotes dans les départements du Haut- et Bas-Rhin.... Partout ils mettent la cupidité à la place de l'amour de la patrie, et leurs ridicules superstitions à la place de la raison.... Ne serait-il pas convenant de s'occuper d'une régénération guillotinière à leur égard ? »

Nous ne savons ce que répondit Duval à cette odieuse proposition « régénératrice ». Mais c'est un fait que peu de jours après commençaient à Strasbourg les arrestations d'Israélites, qui ne devaient plus cesser jusqu'à la fin de la Terreur. Dès le 1er frimaire nous voyons conduire en prison Cerfbeer, Leopold Samuel, Isaac Leyser, Salomon Lévy, Abraham Cahn, Meyer Nettel, Meyer Dreyfus et plusieurs autres encore, et le lendemain même, comme pour justifier ces arrestations en masse, le Directoire du district de Strasbourg se réunissait pour écouter la lecture d'un réquisitoire de son procureur-syndic, relatif aux Israélites. Ce document mérite assurément d'être signalé comme l'un des plus bizarres parmi toutes les élucubrations absurdes et grotesques de l'époque révolutionnaire :

« Il faut, disait l'orateur, il faut frapper ce qui est vicieux et déclarer ennemi de la république quiconque voudrait s'y soustraire. Ce sont les Juifs dont je veux vous parler, qui, malgré tout ce que la révolution a produit d'avantageux pour eux, semblent vouloir soustraire leurs usages barbares à la vengeance de la nature si longtemps opprimée. Il existe parmi ces hommes la loi inhumaine d'opérer sanguinairement sur l'enfant mâle qui naît, comme si la nature n'était pas parfaite. C'est un outrage à la divinité. Ils portent la barbe longue par ostentation et pour singer les patriarches, desquels ils n'ont pas hérité les vertus. Ils pratiquent une langue qu'ils ne connaissent pas et qui n'est plus usitée depuis longtemps. En conséquence je requiers la Commission provisoire de leur interdire ces usages et d'ordonner qu'un auto-da-fé sera fait à la vérité de tous les livres hébreux et principalement du Talmuth, dont l'auteur a été assez fripon de leur permettre de prêter à usure aux hommes qui ne seraient pas de leur croyance. »

La Commission provisoire du district de Strasbourg se laissa convaincre par cette belle harangue et décida « que les propositions contenues dans le réquisitoire seront exécutées par les municipalités respectives de la résidence des citoyens professant jusqu'à présent la loi de Moïse; que. pour cet effet, elles feront assembler les citoyens le décadi de cette décade et leur feront lecture de la présente délibération, en leur enjoignant de s'y conformer, *sous peine d'être traités comme suspects.* »

Nos administrateurs enjoignaient en outre aux municipalités du district « de réunir à l'instant tous les livres hébreux, notamment le Talmuth, ainsi que tous les signes quel-

conques de leur culte, et de les envoyer à la
Commission provisoire », afin qu'un « auto-
da-fé fût fait à la Vérité le décadi de la seconde
décade, de tous ces livres et signes du culte
de Moïse ». Ce document était signé du président provisoire du district, Charles de Klauer,
gentilhomme prussien, que des aventures, non
dévoilées encore, avaient amené des prisons
de Potsdam au milieu des terroristes strasbourgeois, dont il fut longtemps le digne
émule. Les citoyens Daum, Hess, Tisserant et
Christmann, secrétaire, avaient joint leur si-
gnature à la sienne au bas de cet étrange arrêté. C'était à ces auto-da-fés d'inquisiteurs
qu'aboutissaient, sous l'influence des haines
séculaires et de l'intolérance générale, les
principes généreux proclamés par la Constituante !

On ne s'en tint pas à ces arrêtés. Des es-
pions furent expédiés pour constater si les
Israélites des alentours se résignaient à y
obéir Nous possédons encore le rapport ré-
digé par l'un de ces « explorateurs » nommé
Simon et présenté au maire Monet. Il consta-
tait qu'il s'était transporté, le premier décadi
de frimaire, « dans les deux tiers de la ville
pour examiner s'il trouverait aussi des concitoyens juifs sur les places et parmi les rues
ou dans le temple du Génie ». Mais il n'avait

pu en découvrir aucun, d'où il concluait que ces derniers « étaient plus attachés à leur talmude qu'à la Constitution de la République. »

De pareils mécréants devaient sembler tout naturellement hors la loi à beaucoup d'entre les meneurs publics, et les richesses énormes qu'on leur attribuait enflammaient encore la cupidité de leurs ennemis. On espérait les leur arracher par la terreur. On se racontait à l'oreille, ainsi que le dira plus tard Taffin, qu'Euloge Schneider, le farouche accusateur public, s'était laissé gagner par eux et leur avait extorqué un million et demi. Aussi voyons-nous des individus sans mandat politique ou judiciaire faire la chasse aux Juifs dans les environs de notre ville et retirer de cette persécution, qui n'avait plus même d'apparences légales, un revenant bon considérable. Dans la séance du Comité de sûreté du 29 frimaire (19 décembre 1793), l'un d'entre les persécutés, plus courageux que les autres, le citoyen Joseph Lévy, dénonçait un nommé Martin comme ayant arrêté de son chef « quarante-deux ci-devant Juifs et d'avoir levé sur eux quinze livres par tête pour leur entretien ». Mais pour un qui réclamait, combien gardaient timidement le silence !

VI.

Au milieu de toutes les vexations éprouvées par ses coreligionnaires, Alexandre n'était point épargné naturellement, puisqu'il était le plus en vue de tous. Parmi les procédés employés à son égard, l'un de ceux qui le froissa le plus, si nous en jugeons par son mémoire, fut la réquisition de tous ses vins, ordonnée par les représentants, et l'apposition des scellés sur ses caves. Ces scellés restèrent en place plus de deux mois, et durant ce temps le manufacturier dut faire chercher dans les auberges, « à des prix étonnants », le vin nécessaire à sa famille et à ses ouvriers, et quand on finit par rouvrir les caves, les commissaires se saisirent de quatre cents mesures de vin vieux, provenant du Palatinat, du margraviat de Bade, du Rhin, etc., et qui furent estimés de 48.000 à 50,000 livres par le propriétaire. « Encore me serais-je consolé de cette perte, ajoute mélancoliquement Alexandre, si j'avais contribué de la sorte au rétablissement des braves défenseurs de la patrie, malades ou blessés dans les hôpitaux, mais apparemment on a trouvé mon vin trop bon pour eux, car j'ai appris avec douleur qu'il est encore dans les caves du ci-devant Séminaire. »

De plus graves soucis allaient bientôt occuper son esprit. L'année 1794 s'ouvrait sombre et terrifiante. La chute d'Euloge Schneider en décembre 1793 n'avait point enrayé le mouvement terroriste à Strasbourg, au contraire. Les délégués de la Propagande, les représentants en mission, les autorités municipales continuaient par leurs mesures violentes à entretenir chez tout le monde des appréhensions continuelles. Les procès-verbaux du tribunal révolutionnaire du Bas-Rhin sont pleins, à cette date, de jugements féroces autant qu'insensés : Salomé Trensz, condamnée à 1050 livres d'amende pour avoir vendu cinq sols une tête de chou; Chrétien Flügel, mis au pilori, jeté pour six mois en prison, condamné à trois mille livres pour avoir fait payer une saucisse dix sous; Frédéric Braun, dont le crime consistait à avoir vendu une chopine de vin une livre, frappé d'une amende de quarante mille livres; Frédéric Engelbach, condamné à cinq mille livres et à la déportation comme possédant des modèles d'écriture « qui ont pour but de répandre le royalisme »; Jean-Frédéric Oesinger, frappé de trente-cinq mille livres d'amende pour avoir entretenu « une correspondance servile avec une princesse allemande nommée Linange »; Mathias Ansel, condamné à mort et à la confiscation de ses biens pour avoir dit : « La guerre ne finira pas de sitôt. L'ennemi viendra encore chez nous. » Nous pourrions prolonger indéfiniment ces citations lugubres ; on se figure aisément la disposition d'esprit des personnes qui en rencontraient chaque jour une foule de pareilles dans les feuilles publiques ou bien affichées aux coins des rues.

En présence des dénonciations acharnées dont les plus honorables républicains étaient alors l'objet, si l'on doit s'étonner d'une chose, c'est qu'Alexandre ait réussi à se faire pardonner son existence et ses richesses pendant plusieurs mois encore. Le 24 ventôse (14 mars 1794) il obtenait même de la municipalité, pour la somme modique de vingt sols, un certificat de civisme, signé Hugard, Grandmougin, Mathéus, agent national, dont il avait besoin pour retirer à Mâcon des marchandises dirigées sur Commune-Affranchie (Lyon). Nous voyons par ce papier que l'actif industriel n'interrompait pas la marche de ses affaires, même au plus fort de la tourmente. Ce certificat, qu'on refusait alors parfois à des citoyens bien autrement patriotes, Alexandre l'avait obtenu grâce à de nouveaux sacrifices. Comme garde national inscrit au troisième bataillon de la milice strasbourgeoise, il avait souscrit cent livres pour l'achat de quatre drapeaux qui devaient être offerts à la Commune « pour annoncer nos victoires en flottant sur le temple de l'Être Suprême ». Il avait gracieusement versé dans les caisses municipales cinq mille livres en numéraire contre la même somme en assignats ; ceux-ci valant alors 47 %, il était résulté pour lui de cette complaisance une perte sèche de 2703 livres. Il avait versé de plus 250 livres pour les femmes et les enfants des citoyens appelés à travailler aux lignes de Wissembourg et aux fortifications de Landau. Peut être même que les huit draps de lit offerts au commissaire adjoint de police et discrètement évalués à 150 livres, n'avaient pas été étrangers à la tolérance relative dont il avait joui jusque-là.

Quand tant d'autres bons citoyens étaient déportés à l'intérieur, entassés dans les prisons ou conduits à l'échafaud, c'était chose supportable en somme que de se voir dépouillé d'une portion minime de son linge et de ses effets de toilette. C'est ainsi que le 10 germinal (30 mars 1794) une réquisition de l'agent national du district, le citoyen Mainoni, contre-signée Christmann, secrétaire, sommait Alexandre de fournir au citoyen Houel, adjutant-général et agent supérieur du ministre de la guerre, trois paires de draps et six serviettes, « qui lui deviennent, dans les circonstances actuelles, indispensablement nécessaires ». Deux jours plus tard, Houel, ami de la propreté et bon camarade, réclamait encore trois paires de draps et quatre serviettes pour ses deux adjoints, logés rue des Veaux, 18. Mainoni, « considérant que c'est principalement les riches qui doivent contribuer aux besoins du service public », décida qu'Alexandre fournirait encore ce supplément de réquisition.

Vers la même époque, la municipalité révolutionnaire donna même à notre fabricant de tabacs un témoignage de confiance plus flatteur encore que celui de lui emprunter ses serviettes. Par arrêté du 29 germinal (18 avril 1794), Alexandre était désigné pour faire partie-d'une commission « chargée de faire enquête et de distribuer des secours aux familles indigentes des défenseurs de la patrie ». Peut-être comptait-on sur de nouveaux dons *volontaires* de sa part, mais il n'en mentionne aucun dans le relevé minutieux de ses déboursés d'alors. Bientôt après lui avoir demandé son linge, on en vint à lui emprunter la maison qu'il occupait alors rue du Dôme — ou plutôt, car ce nom sentait l'ancien régime — rue de la Philosophie. Le 9 prairial, le citoyen Guérin, chef de bureau de police, requérait le malheureux banquier d'avoir à fournir au commissaire-ordonnateur Laserre un logement pour lui, pour sa famille, ses domestiques, ses commis et ses chevaux. On ne lui laissa que la journée pour quitter les plus beaux appartements de sa demeure, où l'administrateur en question vint s'installer aussitôt, « commettant d'horribles dégâts dans les meubles » pendant un séjour fort prolongé, car il durait encore quand le propriétaire ressortit de prison.

VII.

Tous les sacrifices consentis jusqu'ici, tout le zèle patriotique plus ou moins sincèrement affiché par le malheureux Alexandre ne devaient point, en effet, le protéger contre les dernières rigueurs. Dans la séance du 11 prairial (30 mai 1794), le Comité de sûreté générale décrétait enfin son arrestation comme « égoïste et fanatique ». Il se trouvait en bonne compagnie. Parmi les autres coupables privés ce jour-là de leur liberté, nous relevons, presqu'au hasard, l'associé d'Alexandre, « Abraham Auerbach, fabricant de tabacs, rue de la Loi »; Simon Meyer fils aîné, gendre d'Alexandre, rue des Charpentiers, « intrigant et égoïste »; Isaac Lehmann père, rue du Jeudes-Enfants, « égoïste et fanatique »; un pasteur protestant, Herrenschneider père, « ennemi de l'égalité par ses préjugés »; le savant Lorenz, « homme riche, professeur depuis vingt ans, panégyriste des tyrans »; un maître de langues, Dubessé, « alarmiste, aristocrate, refusant de donner des leçons à ses élèves les jours de ci-devant dimanche »; le citoyen Kieffer, brasseur à la *Bague*, « pour avoir porté en dérision les citoyens qui faisaient le service de la garde nationale »; la fille Garnier, « coiffeuse, aristocrate, fanatique et immorale »; la femme Hirn, Marché-aux-Poissons, « connue par ses promenades anti-révolutionnaires pour provoquer les soldats contre la liberté », etc.

Le même jour encore, le vieux fabricant fut conduit au Grand-Séminaire, où s'entassaient alors par centaines les victimes de la tyrannie révolutionnaire. Il ignorait au juste de quoi l'accusaient ses ennemis, et pendant longtemps il ne sut à quoi s'en tenir. Les co-détenus, glacés par la terreur, refusèrent, à ce qu'il affirme, de lui prêter une plume et de l'encre lorsqu'il voulut adresser une pétition aux autorités compétentes. Les siens ne furent pas plus heureux; c'est en vain qu'ils présentèrent, à quatre reprises différentes, des suppliques pour l'élargissement du chef de la famille. On leur répondit que l'arrestation d'Alexandre avait été provoquée par son fanatisme et son égoïsme. Mais il dut attendre plus de deux mois jusqu'à ce que l'agent national Matheus voulût bien lui communiquer le mandat d'arrêt qui visait la loi du 13 septembre 1793 sur les suspects, qui pourtant n'était guère applicable au prévenu. Il n'avait point en effet, comme il le fait ressortir lui-même, de parents émigrés; il n'était ni ex-noble ni ex-prêtre; enfin « la prévention fanatique contre les Juifs » ne lui avait point permis d'occuper des fonctions publiques.

Ce n'est jamais un séjour agréable qu'une prison, si ce n'est pour un vrai philosophe; mais c'était un séjour particulièrement maussade que la prison du Séminaire à cette époque. Il s'y trouvait six cents prisonniers en avril 1794, et ceux qui y étaient enfermés pouvaient recevoir chaque jour une citation nouvelle à comparaître et l'annonce de leur jugement définitif. Les gens accusés d'avoir spéculé sur la misère publique étaient, on le sait, plus menacés encore que d'autres par l'austère tyrannie de Robespierre et de Saint-Just. Aussi le vieux banquier ne découvrit-il pas sans terreur que le registre d'écrou de la prison, signé du concierge Mahy, falsifiant le mandat d'amener, l'avait inscrit comme *agioteur*. Puis, aux soucis que lui causaient l'interruption de ses affaires, les sauces à tabac gâtées, les feuilles de Virginie brûlées pendant l'incarcération d'Auerbach, son directeur technique, venaient s'ajouter pour Alexandre les tracasseries d'une surveillance étroite, particulièrement pénible pour un vieillard criblé d'infirmités.

Le règlement défendait d'adoucir le régime alimentaire des prisonniers. L'article III ordonnait « de saisir tous les objets de gourmandise, tels que pâtés, confitures, sucres, sirops, liqueurs, vins de Champagne et de Bourgogne », et de les apporter au comité de surveillance, « qui en fera un emploi patriotique ». Peut-être Alexandre échappa-t-il, dans une certaine mesure, à ces privations purement matérielles, puisqu'il affirme avoir dépensé 4756 livres — remarquez le scrupuleux financier, qui tient registre de ses dépenses, même en des moments pareils ! — pour « engager ses geôliers à améliorer son sort dans les prisons ». Mais nul ne pouvait le préserver des ennuis moraux d'une situation de ce genre. On enlevait aux détenus leurs papiers, leurs crayons même et jusqu'aux objets de distraction les plus innocents en apparence ; c'est ainsi que l'adjudant de place, le « sans-culotte Massé », réclamait contre la présence d'un porte-voix entre les mains d'une des prisonnières, « ne croyant pas que l'usage de cet instrument sonore sied bien à une demoiselle recluse ». En général, la consigne des gardiens pouvait se résumer dans l'ordre donné par le général de division Dièche au citoyen Coppin, commandant le Séminaire : « Mets le plus grand zèle à abaisser le caquet des aristocrates ! » L'auteur de cette consigne généreuse était ce guerrier toujours ivre, alternativement furibond ou pleurard, dont la cuisinière elle-même donnait alors des ordres d'arrestation, obéis par la force publique, ainsi qu'il appert d'une lettre officielle du Comité de sûreté générale !

VIII.

Du fond de sa prison, Séligmann Alexandre ne perdit point l'occasion de rappeler son patriotisme aux autorités locales. Quand Strasbourg, imitant Paris, célébra, le 20 prairial, d'une façon si pompeuse et malgré la Terreur, avec des cérémonies idylliques, la fête de l'Être Suprême (8 juin 1794), notre banquier fit parvenir au Conseil municipal une somme de cent livres pour contribuer aux frais de l'illumination qui devait terminer la fête, et au milieu de laquelle le bonnet rouge gigantesque, placé sur la flèche de la Cathédrale, « paraissait dans l'ombre une étoile flamboyante, proclamant les droits du peuple et le bonheur du monde. »

Il n'est pas probable cependant que le riche Israélite s'en fût tiré à si bon compte, si le 31 juillet au soir la nouvelle de la journée du 9 thermidor, puis de l'exécution de Robespierre ne se fût répandue subitement dans Strasbourg. A partir de ce moment, le sort des prisonniers devint doux, les meneurs les plus exaltés ne se sentant plus sûrs du lendemain. Alexandre, qui, malgré son emprisonnement, avait su, non sans frais, « se faire des amis », fut un des premiers à quitter le Séminaire, grâce à l'appui de la même municipalité qui l'avait fait incarcérer. Dès le 20 août, le comité de sûreté générale de la Convention arrêtait en effet que, vu les attestations des communes de Strasbourg et de Bischheim-am-Saum, le citoyen Alexandre, détenu au ci-devant Séminaire national, serait mis en liberté, en même temps que son associé, et que les scellés seraient levés dans leurs demeures. Peut-être avait-il accéléré sa libération en faisant verser au citoyen Sommervogel, trésorier national à Strasbourg, la somme de 22,774 livres, conformément à la loi exigeant livraison de toutes les sommes dont les Français étaient débiteurs à l'étranger. Quoi qu'il en soit, l'arrêté de la Convention, signé André Dumont, Louis, du Bas-Rhin, Moïse Bayle, Merlin, Legendre et Dubarras, fut notifié, quelques jours plus tard, aux deux détenus par le citoyen Kugler, secrétaire adjoint de la Commune. Alexandre put donc rentrer tranquillement dans sa maison de la rue du Dôme, qu'il retrouva toujours habitée par le commissaire Laserre, établi là depuis bientôt trois mois. Quand le représentant Foussedoire vint à Strasbourg en septembre et commença la réorganisation de l'administration municipale par le renvoi du Savoyard Monnet et de ses séïdes, notre banquier dressait avec soin le bilan de ses pertes, et le nouveau maire André était à peine installé par le délégué conventionnel, qu'Alexandre réclamait auprès de lui les vins confisqués autrefois et lui arrachait une indemnité de 10,600 livres, preuve remarquable de la ténacité de son caractère. Tous comptes faits, les pertes restaient d'ailleurs effrayantes, si les différents paragraphes n'en sont point exagérés. Nous ne saurions encombrer nos pages de leur détail et nous devons nous borner à dire qu'Alexandre lui-même, dans un supplément à son Mémoire, publié vers la fin de 1796, en chiffrait le total à

635,413 livres 12 sols,

les douze sols figurant évidemment ici pour
faire sauter aux yeux la minutieuse exactitude
de ce prodigieux bilan.

Longtemps avant d'avoir terminé ce triste
inventaire, alors qu'il sortait à peine de prison, Alexandre éprouva le besoin, bien naturel en pareil cas, de se justifier, aux yeux
de ses concitoyens, des accusations d'agio-
tage et d'incivisme naguère lancées contre
lui, et d'ouvrir au public « un cœur longtemps
flétri par les machinations sourdes et persécutrices de la malveillance, et des horribles
satellites du dictateur ».

C'est à ce sentiment que nous devons le
Mémoire, aujourd'hui fort rare, publié chez
Treuttel et Würtz, auquel nous avons em-
prunté la plupart des renseignements épars
dans notre récit. On voit au premier abord
qu'il fut écrit immédiatement après la chute
de Robespierre, par les éloges emphatiques
prodigués aux principaux agents de sa ruine.
« Victimes de l'affreux système de l'infâme
Robespierre..., nous gémirions peut-être encore dans la captivité, ou bien nous aurions
grossi le nombre des innocents suppliciés par
les ordres de ces êtres dégénérés de l'espèce
humaine, si par l'immortelle révolution du
9 thermidor nous n'étions parvenus à faire
entendre nos cris plaintifs au Comité de sû-

reté générale. » Après une de ces apostro-
phes, si fréquentes dans le style ampoulé de
l'époque : « Peuple, voilà mes actions, juge
de mon civisme ! » Alexandre terminait son
Mémoire par une déclaration qui mérite en
effet l'éloge de civisme réclamé du peuple
souverain : « Que le but de toutes nos actions
soit la prospérité de notre pays, le maintien
du gouvernement populaire et le salut de la
République une, indivisible et démocra-
tique ! »

IX.

Nous ignorons absolument quel fut le sort
ultérieur du riche fabricant et banquier strasbourgeois, et s'il survécut longtemps aux ora-
ges révolutionnaires qui l'avaient si fortement
éprouvé. Nous devons donc arrêter ici cette
fugitive esquisse, dans laquelle nous avons
essayé de montrer par un exemple quel fut
le sort des Israélites strasbourgeois pendant
la Terreur, et de faire voir que le radicalisme
jacobin ne fut pas pour eux plus clément que
le bon plaisir de l'ancien régime. Ils ne pouvaient recevoir l'émancipation véritable que
d'un gouvernement assez juste pour adopter
à leur égard des lois égalitaires et libérales,
mais assez fort aussi pour en assurer partout
l'exécution.

Dans notre province surtout, où la présence d'une population israélite, presque aussi nombreuse à elle seule que le total des Juifs dans le reste de la France, contribuait à rendre une pacification des esprits plus difficile en y réveillant sans cesse mille griefs divers, il se passa bien du temps encore jusqu'à ce que ce résultat si désirable fût au moins partiellement atteint. Nous retrouvons la preuve de ces persécutions, continuant même apiès la Terreur, dans les pétitions nombreuses que les Israélites strasbourgeois adressèrent, pendant les derniers mois de 1794, à la Convention nationale pour se plaindre « des vexations qu'ils éprouvaient journellement sous prétexte qu'ils étaient nés Juifs ». Le Comité de législation de la Convention, dans un arrêté signé Cambacérès et daté du 11 brumaire de l'an III, ordonnait aux directoires, agents nationaux et tribunaux de l'Alsace de les protéger par toute la sévérité des lois. C'est en exécution de ces ordres que le Directoire du Bas-Rhin, présidé par le citoyen Mougeat, faisait afficher, le 2 frimaire (22 novembre 1794), une délibération solennelle enjoignant à tous les agents du pouvoir exécutif « d'empêcher qu'il ne soit porté aucune atteinte aux droits imprescriptibles de l'homme et du citoyen, et aux principes sacrés de la liberté et de l'égalité ».

Ces grands principes rappelés ici par les autorités strasbourgeoises, c'est l'honneur de la France d'avoir su les appliquer, depuis bientôt un siècle, avec une patiente énergie, et de les avoir fait entrer de la sorte dans les mœurs mêmes de la nation. Ce n'est pas tout d'inscrire des articles de loi dans les Codes ; il s'agit avant tout de les faire passer dans les habitudes quotidiennes, dans la manière de voir d'un peuple, afin d'en arracher les préjugés séculaires, les antipathies vulgaires, afin d'empêcher ces explosions de passions haineuses, telles que nous les voyons se produire aujourd'hui même dans le nord de l'Allemagne avec une violence qui rappelle parfois les clameurs persécutrices du moyen âge. Quand on voit cette intensité des vieilles rancunes, cette croisade à laquelle se sont associés des représentants de la science et de l'Église, on saisit toute la différence du développement social entre les deux pays voisins. En Allemagne, malgré des lois assez récentes du reste, car elles datent à peine du milieu de ce siècle, les préjugés populaires parquent encore les Israélites au sein d'une « caste juive » ; les hommes les plus distingués par leur science, leurs talents artistiques ou leur éloquence, restent toujours encore des *Juifs* ; c'est comme une tache indélébile. En France,

qui donc a jamais songé seulement à faire un
argument polémique des croyances religieu-
ses premières d'un Fould, d'un Jules Simon,
d'un Crémieux? Qui s'y préoccupe aujour-
d'hui de la confession de foi sous l'égide de
laquelle sont nés les Michel Bréal, les Sée, les
Derenbourg, les Naquet, etc.? Aussi quoi d'é-
tonnant à ce que les Israélites de France se
soient montrés plus attachés que d'autres à la
patrie qui inaugurait dans leur existence une
ère nouvelle? Dans les arts, les sciences et les
lettres, dans l'industrie, dans le commerce,
aux deux Chambres, dans les rangs les plus
élevés de l'armée, ils ont, devenus les sem-
blables des autres citoyens, montré qu'ils
savaient être leurs égaux, et personne aujour-
d'hui n'oserait y répéter de bonne foi les doléances autrefois justifiées du passé et se
plaindre qu'à la place de l'intolérance bar-
bare se soit enfin levé pour eux le jour d'une
égale liberté.